丝绸之路的历史（上）

SICHOU ZHILU DE LISHI

丛书主编 / 王义桅

分册主编 / 张颖　姜凤云

新世界出版社
NEW WORLD PRESS

图书在版编目（CIP）数据

丝绸之路的历史. 上 / 张颖，姜凤云分册主编.
--北京 : 新世界出版社，2017.9（2020.8重印）
（“一带一路”读本 / 王义桅主编）
ISBN 978-7-5104-6401-0

Ⅰ. ①丝… Ⅱ. ①张… ②姜… Ⅲ. ①“一带一路”－国际合作－青少年读物 Ⅳ. ①F125-49

中国版本图书馆CIP数据核字(2017)第217373号

编　　委　　郭瑾瑾　　武慧莹　　李　晶　　马　迪　　滕　林
付雨琪

丝绸之路的历史（上）

分册主编：张　颖　姜凤云
责任编辑：曲衍立
责任印制：王宝根　章莹莹
出版发行：新世界出版社
社　　址：北京西城区百万庄大街24号(100037)
发 行 部：(010)6899 5968　(010)6899 8705（传真）
总 编 室：(010)6899 5424　(010)6832 6679（传真）
http://www.nwp.cn
http://www.nwp.com.cn
版 权 部：+8610 6899 6306
版权部电子信箱：nwpcd@sina.com
印　　刷：合肥华云印务有限责任公司
经　　销：新华书店
开　　本：787mm×1092mm 1/16
字　　数：62千字　　　　　　　印　　张：4.25
版　　次：2017年9月第1版　2020年8月第4次印刷
书　　号：ISBN 978-7-5104-6401-0
审 图 号：GS（2018）3694号
定　　价：11.00元

我们与收入本书的作品（包括图片、画作）的作者进行了广泛联系，得到了他们的大力支持。对此，我们表示衷心感谢。但仍有部分作者未能联系上，烦请作者与我们联系，以便支付稿酬。

PREFACE 前言

丝绸之路是源于古代中国，连接亚洲、非洲和欧洲的商贸之路，也是东西方经济、政治、文化的交流之路。它促进了沿线各国物质的繁荣和经济的发展，加强了沿线各民族之间的联系，推动了世界文化多样性的发展，对整个人类文明史产生了重大而深远的影响。

2013 年 9 月和 10 月，中国国家主席习近平在出访中亚和东南亚国家期间，先后提出共建“丝绸之路经济带”和“21 世纪海上丝绸之路”（即“一带一路”）的倡议，得到国际社会的高度关注。“一带一路”倡议为古代丝绸之路注入了新的时代内涵，展示了中华民族的博大胸怀与豪迈气魄。

中学生作为祖国的希望，国家未来的栋梁之材，了解丝绸之路的历史，传承和弘扬丝绸之路精神十分必要。基于这样的思考，我们专门策划和编写了针对中学生的“一带一路”读本——《丝绸之路的历史》《丝绸之路的重生》。

在策划编写本套读本的过程中，我们邀请到了中国人民大学欧洲研究中心研究员、国际关系学院教授、博士生导师王义桅老师担任我们的主编。王义桅老师是“一带一路”问题的研究专家，对“一带一路”沿线国家有着自己独特且深刻的见解，曾出版过《再造中国——领导型国家的文明担当》《世界是通的：“一带一路”的逻辑》等多部相关专著，广受读者好评，是 2015 和 2016 年度“中国好书”获得者。

本套读本根据中学生的年龄特点、知识结构和接受能力进行编写，具有通俗易懂、知识性和趣味性强等特点，综合介绍了丝绸之路的历史和“一带一路”建设的现状与成就。

《丝绸之路的历史》和《丝绸之路的重生》均分为上、下两册，每一册分为九课，在编排上以课文配课后思考题的形式呈现，便于学生自读、教师指导。针对学生重“图”轻“文”的特点，我们在书中加入了大量精美的插图，采用图文结合的方式，让学生在获得美的享受的同时轻松理解书中的知识；对学生可能不太理解但很感兴趣的事件或名词，我们设置了“知识链接”栏目，以拓宽学生的视野，提高学生阅读的兴趣；在每一课的末尾我们还设置了“课后思考”，以培养学生思考问题和解答问题的能力。

我们期待各位中学生能在清新优美的文字和图文并茂的情境中，学习到“一带一路”的相关知识和丝路上传奇人物的可贵精神品质，感受到“和平合作、开放包容、互学互鉴、互利共赢”的丝路精神，立志为“一带一路”建设奉献自己的力量。

目 录

Contents

第一课　西汉张骞出使西域

公元前 138 年，西汉的一个普通郎官从长安出发，踏上了出使西域的征途，于是一条古老的商道逐渐形成。这位郎官开启了连接东西方的商道，这条商道蜿蜒曲折又绵延不断，有主干也有分支，甚至扩展到浩渺的大海。它冲破了自然与人为的巨大障碍，几度衰落又几度兴盛，直到今天仍然焕发着勃勃生机。这位郎官就是张骞，这条商道就是丝绸之路。

西域概况

西域有广义和狭义之分。汉朝时，广义上的西域泛指今玉门关、阳关以西，经过天山南北，越过葱岭（今帕米尔高原），直至中亚、南亚、西亚的广大地区。狭义上的西域主要是指葱岭以东，玉门关、阳关以西的地区。狭义上的西域，小国林立，号称有三十六国（后又分为五十余国）。这片区域是汉朝通往葱岭以西诸国（中亚诸国）的交通要道。当时通向中亚诸国的道路有两条，南道上有鄯善（今新疆若羌附近）、且末（今新疆且末县）、于阗（今新疆和田地区）等国，基本都在昆仑山以北、

西汉时期西域形势图

塔里木河以南；北道上有疏勒（今新疆疏勒县）、龟兹（今新疆阿克苏地区）、焉耆（今新疆焉耆回族自治县附近）等国，基本都在天山以南、塔里木河以北。

拦路虎——匈奴

公元前 3 世纪初，匈奴崛起于蒙古草原。公元前 2 世纪初，匈奴的冒顿单于征服了西域，控制了东到大海、西到天山的广袤地区。匈奴的骑兵还经常南下侵扰，对西汉王朝的安全造成了极大的威胁。因此，解除匈奴隐患一直是西汉面临的严峻政治问题。西汉统治者从建国初的“白登之围”中认识到仅以武力手段解决与匈奴的争端是不可取的。因此，在以后相当长的一段时期里，西汉统治者都采取“和亲”政策以笼络匈奴，维护边境安宁。同时，还采取休养生息的政策以恢复和发展经济。历经几代统治者的励精图治，西汉国力逐渐强盛，到汉武帝时期已经具备了北击匈奴的实力。为了提高与匈奴之间战争的胜算，汉武帝在积极备战的同时，也在进行多手准备。

匈奴士兵

汉武帝

知识链接

白登之围 公元前 201 年，异姓诸侯王韩王信在大同起兵反叛，并勾结匈奴企图攻打太原。公元前 200 年，汉高祖刘邦亲自率领 30 多万大军迎击匈奴。

汉军接连取胜，一路追击，直至楼烦（今山西宁武一带）。时值寒冬天气，天降大雪，刘邦不顾部下的劝阻，轻敌冒进，率领先头部队一路追到平城（今山西大同）。结果中了匈奴的诱兵之计，被冒顿单于率领的大军包围在平城的白登山上达七天七夜，完全和主力部队断绝了联系。后来，刘邦采用陈平的计谋，向冒顿单于的妻子阏氏行贿，才得以脱险。

张骞第一次出使西域

一个偶然的机会，汉武帝从匈奴俘虏口中了解到，在今中亚阿姆河与锡尔河流域还居住着一个游牧民族大月氏。大月氏原来叫月氏，游牧于河西走廊西部张掖至敦煌一带，在公元前 2 世纪时势力强大，是匈奴的劲敌。后来两国交战，月氏大败，月氏国王被匈奴人杀害，月氏大多数部众被迫西迁，称为大月氏。所以大月氏对匈奴恨之入骨，时刻想着有朝一日回归故土，报仇雪恨。但是因为势单力薄，愿望一直未能实现。听到这一消息后，胸怀壮志的汉武帝开始筹谋着反击匈奴。他用招贤榜的方式，面向全国招募贤能之士出使大月氏，以联合大月氏夹击匈奴。

这时张骞勇敢地站了出来。张骞是汉中郡城固（今陕西城固）人，史书上称他“为人强力，宽大信人”。张骞原本是守卫皇宫的一个普通郎官，因不甘心碌碌一生，于是应募出使，投身西域。公元前 138 年，张骞率领着一百多人组成的庞大使团，手持旌节，由匈奴人堂邑父做向导，从长安启程，踏上了西行的冒险之旅。

张骞（塑像）

知识链接

旌节，在古代指使者出访他国所持的节，以为凭信。旌节象征国家的主权和尊严。在张骞被匈奴拘禁期间，他一直偷偷带着旌节，时刻提醒自己不忘使命。

张骞一行人刚出陇西（今甘肃临洮）就被匈奴人抓起来了，拘禁了十多年。后来张骞终于找到机会逃了出来，来到了大月氏。然而此时的大月氏早已在当地扎根，此处土地肥沃，水草丰美，百姓安居乐业，他们不愿东归，张骞怎么劝说都不能说服大月氏人。张骞没有达到目的，只能东返。张骞在大夏兜了一圈，然后沿着于阗南山（昆仑山）东返，想避开匈奴。结果在返回的途中又被抓起来送到了匈奴，被扣留了一年多。之后趁着匈奴内乱，他才得以逃走。时隔12年后张骞终于返回长安，原来一百多人的使团，此时只剩下他和仆人堂邑父二人。

张骞出使西域图（敦煌壁画）

此次出使，虽然没有达到联络大月氏共击匈奴的政治目的，但是张骞接触了沿途的一些西域国家，获得了有关大宛、大月氏、大夏、康居等西域国家极为丰富的地理、物产和风俗民情方面的信息，张骞把这些信息写成报告上奏汉武帝。例如，报告中详细地记载着：大宛种植大米、小麦，还有苜蓿、葡萄，大宛人还会用葡萄酿制葡萄酒；另外，大宛还有血统正宗的汗血宝马。后来，司马迁在写《史记》的时候就引用了张骞报告上的信息。张骞的这份报告使生活在中原的人

汗血宝马

们第一次了解到西域的真实情况，也激起了汉武帝想与西域各国交往的极大兴趣，为开辟西域交通、打开通往西方世界的窗口创造了有利条件，同时也为张骞第二次出使西域奠定了基础。

张骞第二次出使西域

公元前 121 年，汉武帝派遣霍去病北击匈奴，取得了河西之战的胜利，控制了河西地区（今河西走廊）。但战败的匈奴却没有臣服于汉朝，而是向西北退却，控制西域诸国，依靠阿尔泰山以南各国的人力、物力，继续和汉朝对抗。汉武帝招来张骞询问对策，张骞依据其所了解到的西域情况，明确提出了彻底战胜匈奴的军事战略——“断匈奴右臂”战略，即联合乌孙，再通过乌孙联络其他西域国家，共同打击匈奴。这一战略得到了汉武帝的肯定，公元前 119 年，汉武帝再次派遣张骞持节出使，目的是说服乌孙与汉朝结盟。这一次，庞大的使团，大量的黄金、丝帛、牛羊，都使得乌孙国对遥远的汉朝心生敬畏。但是这时正值乌孙内乱，他们婉拒了张骞的请求，只是派使者跟随张骞回到长安，献上了几十匹马，以表达谢意。这次出使虽然没有达到原定的目的，但是张骞派副使分别访问了中亚的大宛、康居、大月氏、大夏、安息（今伊朗地区）、身毒（今印度）等国，赠送给他们丝绸、铜镜等珍贵宝物，宣扬了汉朝的威德，扩大了汉朝的政治影响，招揽了各国人才，使汉朝与西域各国在政治和经济上的联系变得频繁而密切。

知识链接

为了联合乌孙，汉武帝钦命刘细君为公主，远嫁乌孙。细君公主是中国历史上第一位“和亲公主”。细君公主嫁到乌孙后，入境随俗，加之她知识渊博，通情达理，深受乌孙官员和人民的尊敬和爱戴。作为汉朝公主，她深知自己的出嫁关系着汉朝边疆的安宁，她用汉武帝所赐的丰厚嫁妆与礼物，广泛交游，上下疏通，为汉朝做了大量工作，使乌孙与汉朝建立了稳固的军事联盟，初步实现了汉朝联合乌孙遏制匈奴的目的。

细君公主（塑像）

张骞出使西域的影响

虽说张骞两次出使都没有完成使命，但是其对中国古代地理学和东西方文明的交流都产生了深远影响。司马迁以“凿空”二字精准地评价了张骞出使西域的贡献和其传奇的一生。

知识链接

司马迁之所以给予张骞“凿空”的评价，是因为张骞和他的使团，是有史以来第一批踏入西域乃至更远地区的中原王朝的官方使者。在此之前，中原王朝对河西走廊以西地区的了解几乎是一片空白。张骞一行人获得了西域地区邦国分布、山川地形以及风土人情的宝贵信息，而且在所到之处宣扬汉朝的威德，传递汉人的友善。这使得天山南北、亚洲腹地的人们第一次了解到西汉王朝的强盛与富庶，产生了与汉朝交往的愿望，促进了中原地区和西域经济文化的交流，由此开启了汉朝经营西域的宏伟大业，开辟了中西交流的新纪元，并成功将东西方之间最后的珠帘掀开。

张骞出使西域的大致路线：东起长安，出陇西高原，经河西走廊到达敦煌。出敦煌阳关、玉门关，分为南北两道。

南道是从阳关出发，沿昆仑山北麓西行，经楼兰（后称为鄯善），过于阗、莎车（今新疆莎车）、蒲犁（今新疆塔什库尔干），穿过葱岭，至大月氏。然后再南行，抵身毒；或继续西行，到达安息和地中海东岸。

北道是从玉门关出发，沿着天山南麓向西行进，经过车师前国（今新疆吐鲁番），过焉耆、姑墨（今新疆阿克苏）、疏勒，逾葱岭，至大宛，再向西北行，到达康居、奄蔡；向西南行，到大月氏、安息，后来还延伸至罗马帝国。从此，各国使团、商人在这两条通道上东来西往，络绎不绝，逐渐打通了欧亚大陆的贸易交通线，古丝绸之路开通。

丝绸之路开通后，西域商贾云集，出现了一派繁荣兴旺的景象。其中最善于经商的是康居民族，也就是粟特人。他们有经商的天分，在西域到处都有他们的足迹。据记载，粟特人一出生其父母就会给他们吃蜜，并让他们手握粘手的胶。这样做的目的是希望他们长大以后说话能像吃了蜜一样暖人心田，手像抹了胶一样粘住钱财。由此可见粟特人十分重视对孩子说话能力和价值观的培养。

随着丝绸之路的开通，沿线的国家见识到了汉朝的繁荣昌盛，都愿意和汉朝进行贸易往来，汉朝的威望在西域大大提升。在汉朝时，中国的丝织业已经达到了相当高的水平，而在同时期的西方，是没有丝绸的。西方人见到丝绸后，都惊叹于丝绸亮丽柔软的外表，都以能拥有丝绸为荣，都将丝绸视为友好的标志。因此，丝绸在中东和西域地区的售价非常高，这让西方人认为，汉朝是一个物产极其丰富的国家，于是纷纷派遣使团携带珍宝、特产来中原交换丝绸。使团大的数百人，小的也有百余人，其所携带东西之多，远非张骞时所能比，完全就是一个商队。他们将携带的货物以朝贡的方式献给朝廷，如葡萄、核桃、胡萝卜、胡椒、胡豆、菠菜、黄瓜等农作物，以及西亚的鸵鸟、印度的孔雀、乌孙的天马、大宛的汗血宝马等；朝廷则向西域的使者赠送本国的商品，特别是丝绸，借此炫耀汉朝的富足，其他还有铁器、漆器、金器、银器等。一时间，东西方的经济文化交流出现了空前繁荣的局面，世界文明在互相交融中得到了发展。

知识链接

汉武帝得“天马” 西汉初期的马，四肢短小，脖颈较粗，奔跑速度不够快。张骞打通西域后，乌孙的天马和大宛的汗血宝马等优良的马匹进入中原，使得汉朝的马匹品种得到改良。天马四肢修长，身躯结实，马头较小，脖颈较长，样貌俊美，飞奔速度极快。汉武帝得到天马之后，还曾作曲庆贺：“天马徕兮从西极，经万里兮归有德，承灵威兮降外国，涉流沙兮四夷服。”甘肃武威出土的铜奔马就是天马奔腾的真实写照。

总之，张骞出使西域后，丝绸之路逐渐开通，这不仅加强了中国与中亚地区的直接联系，而且极大地开阔了中原人的视野，丰富了中原人的知识体系，架起了东西方经济文化交流的桥梁，为东西方乃至整个人类的发展和进步做出了巨大贡献。同时张骞勇于探索、不畏艰险的精神，值得我们每一个人学习。

课后思考

1. 汉朝时，统治者处理与匈奴关系的方式主要有哪两种？

2. 张骞两次出使西域的目的都是开通丝绸之路吗？说说你的理由。

3. 请简述张骞开通的丝绸之路的大致路线。

第二课　东汉班超、班勇父子护丝路

在西汉王朝的管理下，丝绸之路呈现出一片繁荣兴旺的景象。然而，这一和平繁荣的景象，仅维持了不到一个世纪。到1世纪，丝路上又烽烟四起，商路受阻。于是，东汉的班超、班勇父子先后出使西域，苦心经营西域多年，三次打通丝绸之路，使西域和内地连成一个整体，为中原地区和西域的经济文化交流做出了永垂史册的贡献。正是经过这样一代代人前赴后继的努力和艰苦卓绝的奋斗，丝绸之路才得以畅通。

匈奴分裂

王莽篡汉

汉武帝前期的多次征战，引发了严重的政治问题和社会矛盾。公元前89年，汉武帝下《轮台罪己诏》，调整国家的内外政策，停止大规模对外用兵，专注于解决国内危机，这一国策的转变直接影响了西汉中后期的外交走向。在这个大的历史背景下，从汉昭帝到汉元帝，陆上丝绸之路进一步发展。但是后来王莽篡汉建立新朝，国内矛盾尖锐，对外政策混乱不堪，尤其是王莽后期的战乱使得自张骞以来形成的丝绸之路一度中断。刘秀建立东汉后，由于国力不振，在恢复陆上丝绸之路方面也显得力不从心。总体来看，这一时期，丝绸之路呈现出先盛后衰的特点。

东汉初年，中原混乱，暂时放松了对西域的管理和对匈奴的防范。匈奴趁机扩张势力，又重新控制了西域地区，丝绸之路也因此中断了60多年。后来，匈奴遭受严重的旱灾和蝗灾，统治集团发生内讧，匈奴分裂为南北两部。呼韩耶单于掌权的南匈奴归附东汉朝廷，北匈奴则生活在蒙古草原上，并与东汉发生多次交战。东汉王朝初建，国力较弱，只能采取羁縻政策，但是北匈奴的侵扰始终是东汉朝廷之患。随着中原政局的稳定和社会经济的发展，东汉朝廷对北匈奴的政策，也从开始的政治羁縻转向了军事进攻，并前后进行了长达 17 年的战争。

北匈奴骑兵侵扰河西诸郡

知识链接

羁縻政策指中央王朝为笼络少数民族使之不生异心而实行的一种地方统治政策。这一政策的实质是：封建王朝通过少数民族的首领来实现对少数民族的统治。即中央王朝封授少数民族酋领一个官职称号，不改变其在本民族以及本地区内政治上的统治地位，仍由其管理其民族内部事务，朝廷不干涉，只要该少数民族表示臣服就行。

班超出使西域

在与匈奴的战争中，出现了一位英雄人物，他就是班超。班超是东汉时期著名的军事家、外交家，“投笔从戎”“生入玉门关”等历史典故都与他的经历有关。如果说，张骞是奠定了西汉时期与西域政治关系的第一人，那么班超则是东汉时经营西域的设计师。

班超投笔从戎

73 年，班超投笔从戎，随窦固征伐伊吾（今新疆哈密）、匈奴，屡建奇功，其军事才能深得窦固的赏识。为了联络西域各国以孤立匈奴，恢复汉朝同这些国家的友好关系，窦固派遣班超出使西域。班超接受了使命，带着随从 36 人踏上了征途。

出使的第一站是鄯善国。当时的鄯善刚刚失去匈奴这一依靠，又慑于东汉军威，对班超礼遇有加，热情接待。过了几天，鄯善王态度突然冷淡下来，班超判断是匈奴使者从中作梗。班超立即召集随从人员，分析形势，激励众人“不入虎穴，焉得虎子”，夜里就带领随从火攻匈奴使团驻地，斩杀匈奴使者，并将匈奴使者的头颅扔到鄯善王的面前，好言相劝，劝他归附汉朝。班超的智慧和勇敢，使得摇摆不定的鄯善王最终决定归附东汉，并让自己的儿子到东汉做人质。

班超因功升了官职，并继续率领随行人员沿着昆仑山北麓，由南道到达于阗国。于阗国是丝绸之路上的大国，这时已经归附匈奴，故而于阗王对班超一行人态度冷淡。于阗国迷信之风盛行，凡事都听从巫师的。巫师说汉朝使者有一匹浅黑色的马，必须斩杀祭神，于是令人向班超索要马匹。班超将计就计，假装答应，但要求巫师亲自来牵马。等到巫师来取马时，班超手起刀落，斩杀巫师，并把巫师的首级送给于阗王，晓以利害。于阗王慑于班超的威名，于是杀了匈奴使者，归附东汉。西域南道上的许多小国也纷纷与汉朝交好，丝绸之路南道的形势大为改观。

74 年，班超继续西进，降服了疏勒国。随着班超的节节胜利，丝绸之路的南道基本打通，北道的东西两端也为东汉所控制。在这种形势下，东汉重新设置了西域都护和戊己校尉，加强了对西域的控制，和汉朝隔绝了 65 年的西域通道又畅通了。

知识链接

西域都护 西汉统一西域后，设立了管辖西域的行政机构——西域都护府。西域都护是西域都护府的行政长官，是汉代西域官阶最高的官职。西域因地位特殊，故设都护，实际上与郡级区划相等。西域都护的主要职责是守境安土，协调西域各国间的矛盾和纠纷，制止外来势力的侵扰，维护西域地方的社会秩序，确保丝绸之路的畅通。

首任西域都护郑吉

75 年，汉明帝驾崩，北匈奴在西域趁机反扑。由于东汉撤走了驻守西域的兵马，若班超留在疏勒国则会孤立无援，因此汉章帝命令班超回朝。这一消息在疏勒国传开，引起全国上下恐慌不安。一名叫黎弇的都尉竟引刀自刎，以死劝留班超。当班超来到于阗国时，国王与百姓痛哭悲泣，不少人匍匐在地，抱住班超等人的马腿，苦苦挽留。此情此景令班超非常感动，他不顾朝廷的命令，毅然决定留在西域，并以疏勒国为基地，联合附近各国，力争打开局面。

班超联合西域各国的力量，经过十多年的不懈斗争，先后平定了莎车、龟兹、尉犁、危须、焉耆等地的叛乱，击退贵霜王朝的入侵，使得西域五十余国重新置于东汉的管辖之下，丝绸之路的南北通道得以打通，保障了西北边疆的安全。91 年，汉军大败匈奴，班超出任西域都护，管辖西域各国，驻守龟兹它干城（今新疆库车附近）。94 年，班超联合龟兹、鄯善等国，征讨焉耆，诛杀其国王，另立新王，稳定了局势。至此，丝绸之路的南北两道都畅通无阻，丝绸之路再次畅通。

97 年，班超派副使甘英出使大秦（罗马帝国）。甘英一行人西经条支（今伊拉克）诸国，到达安息西部边界波斯湾。安息人为了垄断汉朝和罗马的丝绸贸易，有意阻拦汉朝和罗马的直接通商，于是他们故意向甘英渲染海上的危险，甘英因此放弃继续前行，未能完成使命。虽然最终未能到达大秦，但是甘英却是第一个到达波斯湾的中国人，他的这一行程丰富了汉朝对中亚的认识，在中西方交流史上具有重要意义。

102 年，班超因年老返回洛阳，同年病逝。班超经营西域长达 30 年，在他的不懈努力下，西域大多数国家都和东汉友善交往，这不仅维护了东汉的安全，而且加强了东汉与西域各国的联系，恢复了东西交通，确保了丝绸之路的畅通，为促进东西方经济文化交流做出了伟大贡献，其功绩将永垂青史。

班勇出使西域

班超之后，西域都护由任尚担任。任尚治理过于严苛，没过几年，西域各国出现叛乱，西域重新被匈奴控制。107 年，朝廷撤销西域都护，令官吏返回中原，此后十多年西域完全脱离了汉朝的统治。

班勇是班超的少子，从小就追随父亲，熟悉西域的地理环境、风土人情等。他坚决反对放弃西域，主张对匈奴采取羁縻政策，并驻兵楼兰。123 年，汉安帝任命班勇为西域长史。班勇恩威并施，迫使龟兹投降，后又平定车师六国。126 年，班勇率兵击败北匈奴。127 年，焉耆平定，丝绸之路第三次开通。

张骞、班超、班勇（沙雕）

东汉班超、班勇父子三通西域，从某种程度上来说，其意义不亚于张骞首通西域。首先，班超、班勇投身西域 30 余年，对西域的情况更为清楚，班勇所著的《西域记》，是实地考察的成果，这部书内容真实可靠，是研究西域的重要历史文献。其次，班超的副使甘英到达了罗马边境，大大扩展了东汉与西方的交往范围。班超、班勇父子依靠着东汉王朝强大的军事实力，以及西域人民渴望摆脱匈奴的严重剥削而对他们的支持，凭借着个人的卓越才能和坚强意志，不断打击匈奴和反汉势力，维护了西域的和平与东汉王朝的权威，使得中原和西域的经济文化交流得以继续发展，为丝绸之路的重新开通和繁荣做出了卓越贡献。

1. 通过网络或图书馆查找相关资料，结合本课内容简要阐述东汉丝绸之路的“三绝三通”。

2. 从班超、班勇父子身上我们能学到哪些品质？

第三课　魏晋南北朝丝路探幽

魏晋南北朝时期，由于中原长期处于分裂状态，经营西域和丝绸之路的能力受到很大影响。但是，这个时期的丝绸之路并未中断，各政权与中亚、西亚、南亚等地仍存在着不同程度的交流。实现其交流的路线主要有三条，即西北丝绸之路、西南丝绸之路和海上丝绸之路。

三条丝路都有发展

东汉末年，朝政紊乱、官员贪腐导致各种社会矛盾激化。220 年，曹操之子曹丕废掉汉献帝自立为王，建立了魏国。不久，蜀国和吴国也相继建立，中国历史开始进入割据时期。同一时期，罗马、波斯、贵霜帝国也经历着王朝更替，丝绸之路上的众多游牧部族政权也在互相争斗。尽管政治上异常混乱，但是对外交通并没有因此而停滞，陆路交通仍在发展，海路交通还有加强之势。据史书记载，曹魏政权建立以后，统一了北方地区，国力殷实，一直在西域设置管理机构，大力发展对外交通。这一时期，西域各国与中原王朝的关系虽然时有中断，但总体还是对中原王朝称臣纳贡，相互之间的政治、经济、文化联系十分密切。

知识链接

魏文帝即位初年，河西地区的叛乱被平定，因战乱而被迫中断的西域与内地的交通和联系也得以重新恢复，曹魏政权取得了对西域地区的控制权，并实行羁縻怀柔政策。222 年，鄯善、龟兹、于阗等西域国家遣使来朝，魏文帝下诏对他们厚加抚慰。这一做法进一步刺激了西域各国与曹魏交往的愿望，各国都派遣使臣前来朝拜，表达归附诚意。曹魏政权也沿袭两汉的做法，在西域地区任命戊己校尉和西域长史，管理西域事务。

同时，蜀汉在西南地区也精心经营，成都至昆明的道路畅通无阻，西南丝绸之路成为蜀汉对外交往的重要通道，由我国四川、云南经缅甸、印度至中亚的商路得到发展。东吴则大力发展海上交通，海上航运业十分兴盛。东晋、南朝继承了孙吴的航海和对外交通事业，注重发展同海外各国的贸易。对外贸易的发展促进了这一时期中外经济文化的交流与发展。

知识链接

三国时，东吴之所以能据守江东，很重要的一个原因就是东吴海上力量强大。东吴有精锐水军 30 000 多人、战船 5 000 多艘。据记载，东吴造的战船，最大的上下 5 层，可载 3 000 名士兵。孙权乘坐的“飞云”“盖海”等大船更是雄伟壮观。依靠强大的海上实力，230 年，孙权派遣卫温、诸葛直率水军 10 000 人到达夷洲（今台湾），这是中国历史上关于台湾的首次记载。

这一时期，陆路的往来仍然占据着中外交流的主导地位。尤其是在北方地区，对外贸易的重点仍在西北，通过陆路，经由西域，与中亚、西亚、南亚各国开展贸易。东西方的陆路也有了很大发展，出敦煌经西域到域外的大路由汉代的南北两道发展到三道，即南道、中道、北新道。

南道出阳关，由塔里木盆地南缘西行越葱岭到身毒、大月氏。

中道（汉代北道）出玉门关，经楼兰，沿孔雀河至焉耆，再沿天山南麓西抵龟兹、疏勒，再越葱岭经大宛等国抵达波斯、大秦。

北新道是经天山以北的道路，出玉门关向北，经伊吾至高昌之后，可以经焉耆至龟兹与中道合一，也可以由此北上，穿越天山往西行至车师后国（今新疆乌鲁木齐），再由车师后国转西南行，至弓月城（今新疆伊宁），然后沿伊犁河至乌孙，再渡北流河（楚河、锡尔河）至康居，在康居西北同中道连接起来，经奄蔡到达东罗马帝国，再西行至地中海东岸。

中西交往的见证——东罗马文物

在中国各政权混战的同时，西方也正处于割据四起、内忧外患的战乱时期。从 1 世纪末期开始，古罗马帝国内战不断。395 年分裂成东、西两个帝国，476 年西罗马帝国覆灭，而东罗马帝国成为中古时期的西方大国。这一时期，东罗马帝国同中国的交往有一定发展，尤其是民间往来较为频繁，如北魏迁都洛阳后，洛阳城内就有许多的东罗马商人，尤其是北新道的开辟对于东罗马帝国来说具有重要

东罗马金币

的经济意义。罗马帝国在1—3世纪，先后同安息王朝与萨珊王朝争夺两河中上游地区。为了摆脱安息王朝对丝绸之路的控制，东罗马帝国力图开辟新的道路，一面利用印度洋上的季风开展对东方的海路贸易，一面从黑海沿岸国家获取丝绸。

中国境内发现的东罗马时期的文物，以通行在中西交通路线上的东罗马金币及其仿制品最多，有40枚左右。其中绝大多数是6世纪中叶至8世纪中叶的随葬品，有的含在墓主口中，有的握在墓主手里，墓主身份多为少数民族贵族或商人，出土地点集中在新疆、甘肃、陕西、宁夏等北方地区，这与当时活跃在北方草原之路的游牧民族突厥和柔然有关。此外，还有罗马风格的玻璃器。西方的玻璃器因其独特的磨花技法、稳定坚固及不易破裂的特点而受到上流社会的喜爱。在中国，这种玻璃器只有贵族才能享用，属于奢侈品，所以多出土于贵族墓葬中。

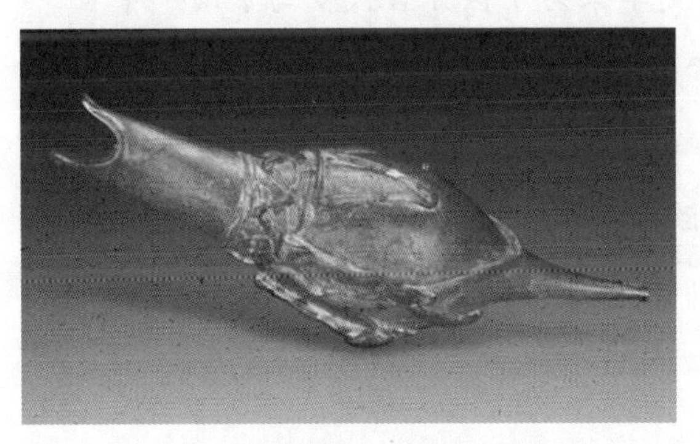
鸭形玻璃器

魏晋南北朝时期，西方的拜占庭帝国和波斯帝国实力都很强大，影响也较大，因此拜占庭帝国的金币和波斯帝国的银币就成为西亚、中亚一带广泛流通的货币。随着丝绸之路贸易的繁荣，这些外国钱币也流入中国，并且在中国的部分地区流通。英国著名考古学家斯坦因曾在敦煌玉门关长城烽燧遗址发现了前凉统治时期的古粟特文“二号信札”，其中记载了粟特人用金钱和米酒收购成批的丝绸，然后运往中亚的撒马尔罕。另外，新疆发现的佉卢文文书也记载，一名胡人用两枚金币和若干德拉马克（银币）就买下了一名男性奴隶，还用一枚金币购买了精致的地毯。

玉门关长城烽燧遗址

知识链接

拜占庭帝国，即东罗马帝国。395 年，罗马帝国分裂为东、西两部分，其中的东罗马帝国延续了近千年之久，在此期间它一般被人简单地称为“罗马帝国”。到了 17 世纪，西欧的历史学家为了区分古代罗马帝国和中世纪神圣罗马帝国，便引入了“拜占庭帝国”这一称呼。东罗马帝国的文化和宗教对于今日的东欧各国有很大的影响，其保存下来的古希腊和古罗马史料、著作和理性的哲学思想为中世纪欧洲突破天主教神权束缚提供了最直接的动力。1453 年，东罗马帝国为奥斯曼帝国所灭。

胡商集聚洛阳

在魏晋南北朝时期，西晋以及北方游牧民族内迁后在中原及西北地区建立的各个政权，大都重视与西域各国的交往。西域的龟兹、于阗、乌孙等国几乎每年都到中原来朝贡，中亚的大宛，南亚的印度笈多王朝，波斯的萨珊王朝和罗马帝国也先后派遣使节来华。在政治交往的带动下，各国商人也陆续来华，胡商群体涌现。胡商即来华经商的外国人或外族人，也称为“商胡”“贾胡”“蕃客”。拜

占庭帝国的金币和波斯的银币就是由这些胡商带入中国的。

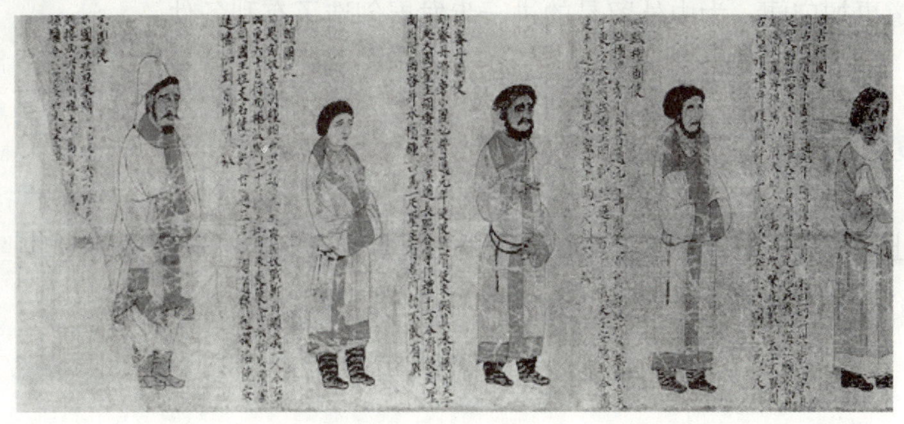

南朝梁元帝萧绎《职贡图》（局部）

随着魏晋南北朝时期各政权与西域、中亚、西亚及欧洲各国政治经济交往的加强，丝绸之路上商业贸易持续繁荣，并促使洛阳在北魏时发展成为国际化城市。北魏孝文帝时迁都洛阳后，北魏朝廷在洛阳设立了专门的商业区，商业区里有扶桑、金陵、崦嵫和燕然四馆。其中，崦嵫馆和燕然馆是胡商的贸易区。为了吸引胡商来华贸易，北魏朝廷规定，凡是在洛阳居住满三年的胡商，朝廷送给他们宅邸作为奖励。这些政策实施后，“自葱岭以西，至于大秦，百国千城，莫不欢附，商胡贩客，日奔塞下”，各国商人纷纷进入洛阳，光西域胡商就超过了一万家。这些胡商中，最为著名的是粟特商人。粟特人长期往来于丝绸之路上，积极发展贸易，将中亚的水晶杯、玛瑙瓶及各种珠宝运至洛阳贩卖，也将中原的丝绸、瓷器等物产运至西域出售，成为丝绸之路上最活跃的民族。

知识链接

粟特人是生活在中亚阿姆河与锡尔河一带操古中东伊朗语的古老民族，从我国的东汉时期直至宋代，一直活跃在丝绸之路上，以长于经商闻名于欧亚大陆。粟特人以撒马尔罕为中心扩展其贸易网络，鼎盛之时，足迹遍及欧亚大陆。在吐鲁番出土的《高昌内藏奏得称价钱帐》中记载着35笔交易，每笔都有粟特人的参与，可见他们在丝路贸易中的重要地位。

综上所述，魏晋南北朝时期，随着西北丝路和西南丝路的扩展，中国对外交流的渠道更加广阔，为中外贸易的进一步发展创造了有利条件。

1. 上网或去图书馆查阅相关资料，说一说魏晋南北朝时期都出现过哪些政权。

2. 这一时期丝绸之路的路线与张骞开通的路线有什么不同？

第四课　隋唐复兴繁荣丝绸之路

隋唐时期，中国结束了长期的政治分裂局面，国力空前强大。中原王朝多次对突厥用兵，加强了对西域的控制，并设立“安西四镇”作为中央政府管理西域的机构。隋唐统治者重修玉门关，再度开放沿途关隘，并打通天山北路丝路分线。唐朝时，各国尊称唐太宗为“天可汗”，标志着以唐朝为核心的国际秩序的建立，这也是丝绸之路畅通的重要保证。唐朝统治者鼓励中外文化交流，故唐朝的文学艺术中，多有来自域外的内容。唐朝的首都长安，有来自各国的留学生、僧侣、商人和使者长期居住，使得长安成为世界文化的展示中心。而这一切，都可以说是丝绸之路繁荣的结果。

知识链接

安西四镇　640 年，唐朝灭高昌国，设置安西都护府管理西域地区军政事务。648 年，唐朝军队进驻龟兹国，将安西都护府移至龟兹国都延城（今新疆库车），同时在龟兹、焉耆、于阗、疏勒四城修筑城堡，建置军镇，由安西都护兼统，因此简称“安西四镇”。679 年，碎叶镇取代焉耆。从此安西四镇是碎叶、龟兹、于阗、疏勒。安西四镇存在了 100 多年，它对于唐朝政府抚慰西突厥，保护中西陆上交通要道，巩固唐朝的西北边防，都起过十分重要的作用。

隋朝复兴丝路

隋朝建立，分裂的中国重新统一。但是强盛的突厥和吐谷浑盘踞在西域地区，丝绸之路曾经一度受到阻碍。隋朝建立的第二年，突厥分裂为东西两部。后来东突厥侵略武威、天水等地区，隋文帝分兵出击，并采纳长孙晟的反间计，离间突厥，最终东突厥归附隋朝。为了打通西域，隋朝派杨雄和宇文述等攻打吐谷浑，大获全胜，并在此设立河源、西海、鄯善、且末四郡，不久后又在伊吾筑城，以捍卫丝路安全。突厥和吐谷浑衰败后，中原与西域往来的障碍得以清除，西域各国纷纷遣使到隋朝“密送诚款”，要求加强与中原的联系。各族人民也向往统一，有心归顺。

隋文帝

隋朝丝绸之路的畅通无阻，保证了丝路贸易的正常开展，不同地区、不同民族间的经济和文化交往更加密切。河西地区是多民族聚居区，又是外来商人往来的必经之地，因此这一地区的经济贸易异常活跃。尤其重要的是，丝绸之路贯穿河西地区全境，中原地区的纺织品尤其是丝织品，以及纸张、瓷器等手工业品，源源不断地通过河西地区流入西域、中亚、欧洲等地；西亚、欧洲等地的马匹、金银珠宝等奢侈品也通过河西地区流向中原地区。

万国博览会

隋炀帝即位后，出兵大败契丹、吐谷浑，开拓疆域数千里。609 年，隋炀帝率领 40 万大军从长安出发，浩浩荡荡地前往甘肃陇西，又西上青海，横穿祁连山，到达河西走廊的张掖郡。西域地区处于大漠边关，终年温度低下，自然条件十分恶劣。士兵冻死大半，隋炀帝也十分狼狈，在路上吃尽了苦头。这次的巡游历时半年之久，足迹远达青海和河西走廊，意义重大。

隋炀帝前往陇西

隋炀帝到了张掖郡之后，西域多个国家的君主和使臣前来朝见，表示臣服隋朝，各国的商人也在此云集。隋炀帝西巡解决了长期以来中西交通不畅的问题，进一步促进了丝绸之路贸易的繁荣，这是千古流芳的功绩。为了炫耀中原盛世，隋炀帝还在张掖郡举行了万国博览会，更是举世创举。

知识链接

当时参加盛会的国家有突厥、新罗、龟兹、于阗等27国，因参会国家众多，所以称为“万国博览会”。万国博览会会场气势恢宏，西域各国商贾在此云集，热闹非凡。盛会共持续了六天，西域各国的使臣向隋炀帝献上西域数千里版图，隋炀帝非常高兴，盛陈文物珍宝、丝绸锦绣，任凭西域诸王及使者尽情赏玩，以显隋朝文明昌盛。这次万国博览会不但宣扬了隋朝的国威，而且取得了安定边疆、发展经济、促进交流等诸多成效。

万国博览会

大唐繁荣丝路

丝绸之路达到繁荣鼎盛是在唐朝时期。618年，唐朝建立，成为中国历史上最民富国强的王朝之一。唐太宗统治时期，各项事业恢复发展得很快，短短几年时间就国力大增，因唐太宗年号为贞观，故历史上称为“贞观之治”。恰逢此时，东突厥内部出现叛乱。唐太宗趁机发兵进攻东突厥，并大获全胜，漠北各部纷纷归附唐朝。唐朝吸取了隋朝的教训，深知对于漠北，经营管理的难度远远大于军事进攻，于是决定在此设立管理机构，驻扎军队，兴办学校。这样，不仅使北方草原丝绸之路得以畅通，而且解除了西北丝绸之路的军事威胁。后来，唐朝又灭西突厥，设安西都护府和北庭都护府。当时入贡唐朝的国家有吐火罗（今阿富汗北）、克什米尔、波斯、尼泊罗（今尼泊尔）及昭武九姓国。唐高宗在以上诸国基础上，将其并建成为府州，封其国王为都督或刺史。于是，葱岭以东的大部分领土都纳入了唐王朝的版图。大唐帝国疆域东起朝鲜海滨，南抵越南顺化一带，西达中亚咸海，北抵贝加尔湖，是当时世界上最强盛的国家，经济文化发展水平都居世界前列。通过丝绸之路，以大食（阿拉伯帝国）为桥梁，东西方官方、民间都进行了友好交往。至此，唐王朝的声威达到了顶峰。

知识链接

昭武九姓国，指隋唐时期中亚的九个沙漠绿洲国家，即康国、史国、安国、曹国、石国、米国、何国、穆国和火寻国，因这九国的国王都以昭武为姓而得名。唐中叶平定西突厥后，昭武九姓国便臣服于大唐王朝，随后九国国民不断来到中原，与中原汉人逐渐融合。他们以国名为姓，其中的几个国名成为中国一些姓氏的起源，如康姓、曹姓、何姓等。

社会经济繁荣，文化高度发展，国力日益强盛的唐朝，对外交通也很发达。唐朝扩大了与西方交往的范围，进一步拓宽了和中亚、西亚各国的贸易渠道，陆上丝绸之路更加通达，中外交往频繁，丝绸之路进入繁荣鼎盛时期。唐朝时的丝绸之路以长安为中心，北路经过蒙古地区到达叶尼塞河和鄂毕河上游，往西达额尔齐斯河流域以西地区。西路经过河西走廊，出玉门关西行，经过新疆境内有三条路可通往中亚、西亚和南亚。西南路经四川到达吐蕃，可抵尼泊尔和印度；或经南诏、缅甸到印度。往东经河北、辽东可到达朝鲜半岛。

在丝绸之路东段，西域各国修了很多支线连接丝绸之路，亦称“参天可汗道”。在“参天可汗道”沿途设有邮驿，并备有喂足草料的驿马和供过往官员和商人住宿的客房。“参天可汗道”成为唐朝与西部和北部边疆往来的通道，加强了中原与漠北之间的联系。从此以后，西部地区和漠北连成一片，丝路在北部获得了显著扩展。在海道上，中国也可以赴林邑（今越南南部）、真腊（今柬埔寨）、河陵（今爪哇岛）、骠国（今缅甸），经天竺（今印度）直至大食，与欧洲各国进行贸易、文化往来。当时的广州、泉州、刘家港（今上海吴淞口附近）等地，成了最著名的对外港口。史书记载广州当时便有南海舶、昆仑舶、狮子国舶、婆罗门舶、西域舶、波斯舶等船坞。西方各国在陆上取道中亚、西域，沿途驼马商旅不断；海路则多由大食首都巴格达出波斯湾，几乎每日都有船只远涉重洋来到东方。

而唐朝政府对这些通过陆上丝绸之路和海上丝绸之路来到中国的使团和商人也格外重视，对他们有很多优待政策和措施。对使团，唐朝政府会根据路程远近给付资粮、安排住宿，回赠赠品，赠品的价值往往超过原进贡物品，还邀请他们参加皇帝举办的宴饮集会。根据史学家们统计，与唐朝发生联系的国家和地区有 300 多个，其中很多内附的少数民族政权一直保持对唐朝朝贡，而不在唐朝有效管辖区的国家和政权则是派出数量不等的使团（除了日本、新罗有“遣唐使”的专属称呼外，其他的一般都叫“朝贡使”）前往唐朝。据统计，南亚、中亚、西亚的使团到达唐朝的次数多达 343 次，每次少则几人，多的话达到几百人；日本的遣唐使团实际到达唐朝共 13 次，其中包括大使、副使、留学生、留学僧及随员等，每次人数往往数百人。对商人，唐朝在广州设置了管理对外贸易的机构——市舶司，并在长安、扬州等大城市设有专门接待胡商的邸店和住坊。朝廷为规范胡商的经营，还专门为胡商立法。

随着交往的发展，大量外国人涌入唐朝，特别是长安。据记载，盛唐时期，长安总人口有近百万，其中常住的外国人就有数万人之多。他们充塞着长安的街道，从事着商贸、宗教、文化、饮食各业，其中尤以胡人为多。这些胡人带来了他们的特产，也带来了他们的文化，一时间长安胡风尽显。唐朝诗人元稹对此有精彩的描写：“自从胡骑起烟尘，毛毳腥膻满咸洛。女为胡妇学胡妆，伎进胡音务胡乐。”

外商云集的长安城

除长安外，天山南北各绿洲城镇也发展起来，西州、伊州、庭州胡商杂居，贸易往来频繁，安西四镇成为重要的商业城镇。敦煌、吐鲁番、喀什等城市由于成了陆上丝绸之路的重要中转地而繁荣一时。随着海上丝绸之路的发展，广州、扬州等地成为高度国际化的贸易中心，聚集了大量贩售珠宝、犀象、香药的大食和波斯商人。成书于 9 世纪中后期的阿拉伯著作《中国印度见闻录》中写道："广府（即广州）是船舶的商埠，是阿拉伯货物和中国货物的集散地"，广府是"阿拉伯商人荟萃的地方"。在隋朝开通南北大运河时，扬州就因地处大运河与长江入海口交汇处而成为重要商港，到唐朝则发展成为南北漕运中转大港和南北物资集散中心，成为海上丝绸之路与中国内地广大地区联系的枢纽。

唐朝胡人俑

755 年，唐朝将领安禄山和史思明发动安史之乱，从此唐朝由盛转衰，而吐蕃则强大起来并占据了河西至西域的要道，东西方交通又被阻塞。与此同时，中国北方地区战火连

年，丝绸、瓷器的产量不断下降，商人为求自保不愿远行，丝绸之路逐步走向低谷。

1. 隋炀帝亲自打通丝绸之路，可谓贡献巨大，但是他滥用民力修建隋朝大运河，又频繁发动战争，致使民不聊生，天下大乱。这给了你什么启示？你怎样评价隋炀帝？
2. 为什么丝绸之路在唐朝时发展到鼎盛？

第五课　宋朝丝路此“落”彼“兴”

两宋时期，少数民族政权林立，先后形成了北宋与辽、西夏并立，南宋与金对峙的局面。期间，各政权之间时战时和，导致商路不畅，商业贸易受到很大影响，陆上丝绸之路的发展也严重受阻。与北方战乱不断相反，此时的江南和沿海地区相对稳定，经济发展，城市繁荣，加上造船技术的进步和罗盘针的使用，北宋海上丝绸之路的商业往来频繁，南宋更是空前繁荣。海上丝绸之路上，各国商船络绎不绝，盛况空前，中国对外贸易在宋朝迎来黄金时代。随着海外贸易的发展，北宋的都城——汴京（今河南开封）逐渐成为世界的贸易中心。

陆上丝绸之路衰落

唐末、五代十国以来，中国北方呈现出群英争雄的政治局面，民族关系错综复杂。916 年，契丹族首领耶律阿保机建立辽国。960 年，后周大将赵匡胤发动陈桥驿兵变，黄袍加身，取得帝位，成为北宋的开国皇帝。北宋与辽并立局面形成。后受辽控制、压迫的女真族在杰出首领完颜阿骨打的率领下，先灭了辽，又于 1127 年灭掉北宋。北宋皇族赵构于同年重建宋朝，定都临安，史称南宋。经过多次战争，南宋与金达成和议，南宋向金称臣，并给金岁币，双方以淮水至大散关一线为分界线，宋金对峙局面形成。除宋、辽、金外，在西部还分布有大理、吐蕃、西夏等政权。各政权之间战争不断，宋朝通往西域的商路被阻断，丝绸之路上的贸易也受到严重影响。

陈桥驿兵变

知识链接

五代十国，包括五代与十国等众多割据政权。五代，指907年唐朝灭亡后，在北方依次更替的五个政权，即后梁、后唐、后晋、后汉、后周。960年，后周大将赵匡胤发动陈桥驿兵变，建立北宋，五代结束。十国为南吴、吴越、前蜀、后蜀、闽、南汉、南平、马楚、南唐、北汉。宋太祖赵匡胤与其弟宋太宗相继灭亡各国，最后于979年攻灭北汉，基本统一全国，结束分裂局面。

由于宋朝国力大不如唐朝，尤其是军事实力还比较弱，因此对西域渐渐失去控制力。特别是1127年南宋退守南方后，陆上丝绸之路东段、中段所经区域不再受南宋政府控制，丝绸之路沿线的贸易安全受到威胁，宋朝失去继续经营陆上丝绸之路的能力。而辽国、金国的国力也并不十分强大，不足以经营陆上丝绸之路，西夏等小国更是无从涉足。这样，由于没有一个强有力的国家的保护，陆上丝绸之路渐渐走向没落。

生活在夹缝中的北宋无力经营西域，而北方的辽国则沿着草原丝绸之路与中亚、西亚的阿拉伯国家进行着商贸往来和文化交流，当时的诗句“大地铺上绿毯，契丹商队运来中国的商品”，典型地反映了这种历史场景。西域诸国商人和使团带来大批西方珍奇物品到辽国都城上京（在今内蒙古赤峰）进献。西方的金银器、玻璃器，以及驯狮、驯象、乐舞、瓜果、蔬菜等也被带到了辽国。这在辽代墓葬、壁画以及佛塔雕刻上都有所体现。辽上京设有“回鹘营”，专门接待远道而来的回鹘商人。据说，西瓜就是辽太祖西征回鹘时，从西域引入辽国的。

驯象调心图

值得注意的是，宋朝时期，陆上丝绸之路尽管受阻，但并未断绝。割据西北的西夏曾经是宋朝与西域各国间接通商的重要通道。北宋以银、绢、盐、茶等换

辽代壁画中出现西瓜

取西域各国的马匹。茶马贸易是宋朝与西北少数民族的重要往来方式。除西域各国以外，与中原政权保持关系的丝绸之路上的贸易伙伴还有远在中亚和西亚的一些国家。

十字军东征带来东西方贸易的繁荣

同一时期，丝绸之路的另一端——欧洲也同样进行着战争。

11 世纪的西欧社会矛盾与宗教矛盾尖锐，整个社会处于封闭黑暗中。而此时从东方归来的传教士、朝圣者和商人，把他们的见闻用生动的语言加以传述，把地中海东部描绘成富饶的天堂之地。在各种因素的作用下，从 11 世纪末至 13 世纪下半叶，西方基督教世界在教皇的号召下，以从东方异教徒手中夺回圣地耶路撒冷为借口，对地中海东部地区发动了侵略战争。因为参加战争的士兵佩有十字标志，故称“十字军”，这些战争也被统称为“十字军东征”。十字军东征先后共八次，历时近两个世纪。

虽然名义上十字军东征是宗教性的，但是其实质是西方封建社会向外扩张和获得财富的手段。这种扩张伴随着掠夺和屠杀，对当地造成了巨大破坏。据记载，十字军攻占君士坦丁堡时，对该城烧杀抢掠一个星期，将金银财宝、丝绸衣

十字军东征

物和艺术珍品抢劫一空，使这座繁荣富庶的文明古城变成了废墟。

同时，十字军东征也带来了一定的积极影响。十字军把东方的许多产品和生产技术，如棉花、水稻、西瓜等农作物和丝织、印染、制糖等技术带到了西欧，大大丰富了西欧的农作物种类，提高了西欧的生产力水平。从此，东西方之间的商业活动日益频繁，意大利商人取代了阿拉伯商人和拜占庭商人在东西方贸易中的垄断地位，独占了地中海商业霸权，有力地推动了西欧的商业发展。十字军东征结束时，由东方输往欧洲的商品比以前增加了10倍。贸易的发展，促进了城市的繁荣和市场的扩大，从而让西欧封建社会产生深刻变化，西欧开始进入一个新的发展时代。

海上丝绸之路兴盛

由于西北边境长期不安定，阻碍了陆上丝绸之路上的贸易往来，而对外贸易又是宋朝财政收入的重要来源，因此宋朝统治者开始积极寻找新的商路。与此同时，由于十字军东征和塞尔柱突厥的兴起，当时西亚的大食等国出现社会动荡和财政困难，它们对开展与中国等地的东方贸易也表现出了极大的热情。这是海上丝绸之路开始兴盛起来的一个重要原因。当然，宋朝海上丝绸之路之所以能够兴盛，东西方贸易之所以能够大发展大繁荣，还有其他多方面因素的影响。

北宋政权建立后，宋太祖赵匡胤励精图治，推行了一系列促进社会经济发展的措施。如在农业方面采取了积极的土地政策，激发了人们的垦荒积极性，大量土地被开垦为耕地，耕地面积不断扩大，粮食产量也有了显著提高。粮食的充足供应保证了人口的增长，为发展手工业和商业提供了大量劳动力，促进了商品经济的发展。总之，在宋代，农业、手工业、商业等生产部门都得到了巨大的发展，为海外贸易的繁荣提供了雄厚的物质基础。

《清明上河图》（局部）描绘了北宋首都汴梁城内的市场繁荣景象

北宋到南宋时期是我国经济重心继续南移并最终完成的重要时期。由于北方地区战乱不断，北方人口大量南迁，给南方带来了先进的农业生产技术，促进了江南地区的进一步发展。另外南方优越的自然条件，以及南方人观念受传统束缚相对较轻，也有利于南方经济的迅速发展。此时，南方稻、麦、茶、桑、甘蔗的种植比北方更为普遍，产量很高，并成为出口产品。宋代的手工业部门如制瓷业、纺织业、矿冶业、金属制造业在前代的基础上也有很大发展，瓷器、丝织品成为出口的主要商品。特别是瓷器的出口量大大超过了丝绸，占据了出口产品名录上的榜首位置。因此，海上丝绸之路在宋朝又被称为“海上陶瓷之路”。这样，海外贸易的货源基础也已具备。

北宋时我国造船业也走向成熟。当时，官营造船以纲船（漕运船）为主，宋真宗时，纲船年产量为2900多艘。民营作坊则多造商船，规模庞大、工艺精细，船只载量大、稳定性强。宋神宗时，荆湖地区出现的“万石船”，能载钱20万贯、

宋代海船模型

米 1.2 万石。同时，四大发明之一的指南针也被广泛应用于航海，使得商船的远航能力大为加强。造船技术和航海技术的显著提高进一步促进了海外贸易的繁荣。

两宋时期，海上丝绸之路分为东海丝绸之路和南海丝绸之路。

东海丝绸之路主要通往日本和高丽（位于朝鲜半岛的古代国家）。商人们从中国运走了陶瓷、丝织品、漆器、茶叶、糖等，从日本运来了木材、黄金、硫黄、水银以及各种工艺品等，又从高丽运来了人参、药材以及各种布匹、铜器、虎皮等。此外，宋朝时书籍也不断传入日本和高丽。宋太宗时，中国的雕版印刷本《大藏经》等由日本僧人带到日本，藏于京都法成寺。991 年，高丽派遣使臣韩彦恭来进贡，求取佛经，北宋政府也赠送《大藏经》一部。后来宋朝政府又多次赠送高丽大批书籍。高丽在中国的影响下，学会了雕版印刷技术，并经过创新，将泥活字改成了铜活字。总之，随着海外贸易的发展，中国先进的科学技

活字印刷

术陆续传到了日本和高丽，对它们的发展产生了深远影响。

在南海丝绸之路上，宋朝与西亚的交往日益频繁。当时，宋朝商人沿着南海丝绸之路，一路向西，进入波斯湾，然后登陆阿拉伯帝国，在这里销售丝织品、瓷器、纸和麝香等货物。阿拉伯商人也乘船出海，经波斯湾，过印度洋，穿马六甲海峡，渡南海，最后进入宋朝的广州、泉州等港口。他们将运来的香料、药材、犀角、珠宝等货物在此销售，然后把瓷器、丝绸等货物运回阿拉伯销售。当时，有不少阿拉伯商人在广州、泉州居住。阿拉伯人还把阿拉伯的天文、历法、医学等知识介绍到宋朝，又把宋朝的造纸术、炼丹术、火药、指南针等技术传播到欧洲，对西方文化的发展起了很大的促进作用。

海外贸易促进城市的发展

北宋时期，日本、高丽、交趾（今越南北部）、占城（今越南中部）、三佛齐（今东南亚大巽他群岛）、蒲端（今菲律宾境内）、大食等国的商人纷纷通过海上丝绸之路来到北宋都城汴京，汴京设有鸿胪寺专门接待外国使臣、商人。久而久之，汴京发展为世界贸易的中心，各种商品汇聚于此，应有尽有：高丽的金器、

泉州港（丝绸画）

银器、人参，日本的笔墨、折扇、宝刀在此陈列；交趾、占城的驯象、驯犀、象牙，三佛齐的琉璃器、琥珀、金刚钻，蒲端的龙脑、丁香在此展出；大食的珍珠、通犀等在此热销……

为了加强对海外贸易的管理和拓展海上丝绸之路，北宋政府在东南沿海重要城市均设立市舶司，以管理对外贸易。其中广州、泉州和明州（今浙江宁波）成为当时中国的三大对外港口，是海上丝绸之路的起点。福建泉州在南宋时期超越广州，成为中国第一大港口城市，也成为东方第一大港，与当时埃及的亚历山大港齐名。

知识链接

市舶司相当于现在的海关，是宋、元及明初在各海港设立的管理海外贸易的机构。它盛于宋，至明末逐渐萎缩，清时设海关而废市舶司。市舶司作为中国古代的外贸管理机关，见证了宋、元、明三朝海上贸易的繁荣。

课后思考

1. 宋朝时，丝绸之路发展的最主要特点是什么？
2. 一般来说，战争会使商路受阻，会给贸易带来不利影响，但十字军东征反而带来了东西方贸易的繁荣，这是为什么呢？
3. 请你说一说“海上陶瓷之路”称呼的由来。

第六课 元朝丝绸之路的扩展

1206 年，成吉思汗统一漠北，此后多次发动对外战争，建立起包括元朝和窝阔台、察合台、金帐、伊利四大汗国的蒙古帝国，把欧亚大陆连成了一个整体。这些战争虽然给所到之处带来了血与火的灾难，但也清除了陆上丝绸之路上的种种障碍，为东西方贸易和文化交流提供了比较有利的社会环境。因此，元朝时陆上丝绸之路较宋朝有所恢复和发展。同时，元朝鼓励海外贸易，并制定了堪称中国历史上第一个系统性较强的外贸管理法则，使得元朝海外贸易空前发展。当时同中国有贸易往来的国家和地区已扩大到亚、非、欧、美各大洲，海上丝绸之路的发展进入鼎盛阶段。

四通八达的驿站网络

元朝疆域辽阔，为加强中央对边远地区的控制，元朝政府在境内大力发展驿站建设，形成了四通八达的驿站网络。

驿站，蒙古语称“站赤”，其设立可追溯到成吉思汗时期。当时成吉思汗仿效中原的驿传制度，在蒙古统治区域普遍设立驿站，扩大驿路范围，还开通了从中原到西域的驿路。据说，为了劝说成吉思汗停止西征，让人民免受战乱之苦，74 岁高龄的长春真人丘处机远赴西域觐见成吉思汗，走的就是这条驿路。在元朝时，沟通中西的驿路一共有三条：第一条是从蒙古通往中亚的驿路；第二条是叶尼塞河、鄂毕河、额尔齐斯河上游之间的驿路；第三条是经过河西走廊通往中亚、欧洲的传统丝绸之路。后来，在这三条驿路的基础上逐渐形成了欧亚商路（丝绸之路）网络。

成吉思汗与丘处机

知识链接

驿传制度 古代由政府设置，利用固有道路或开辟专门要道并配有馆舍、人员、车马，以供使臣出巡、官吏往来和传递诏令、文书等的交通组织系统称为驿传。驿传制度始建于春秋战国时期，但规模较小。秦朝时，要在广袤的国土面积上实施中央集权，政令的迅速传达是重要基础，于是首次在全国范围内建立起驿传制度。此后，这一制度被各朝各代沿用，一直存在了 2 000 多年。1906 年，清政府设立邮传部，标志着古代驿传制度正式退出历史舞台。

驿站分为陆站和水站。据统计，元朝陆站、水站多达 1 500 处。陆站备有驿马、驿驴、驿牛等，在山区的驿站还备有轿及轿夫，在东北等寒冷地区更有用于拉雪橇的驿狗；水站则备有船。这些交通工具都是给来往人员配备的。另外，元朝的各个驿站都设有设备较为齐全的驿舍，以供过往人员住宿。驿舍的档次有高低之分，中原地区的许多驿舍陈设华丽，和宋朝的馆驿相差无几。当时，意大利旅行家马可·波罗描写说："有宏伟壮丽的建筑物，有陈设华丽的房间。"（《马可·波罗游记》）可见，元朝时陆上丝绸之路上来往官员、使者行路和住宿的条件相对是比较舒适的。

元朝驿站令牌

元代驿站

元朝驿站最主要的功能是军事功能，如成吉思汗将蒙古驿站延伸到西域，蒙古西征的军事情报就通过驿站得以传递。同时，驿站也具有政治、外交、经济等多重功能。陆站方面，元朝的官员、王公以及中外使臣和商人的往来均利用驿站。尤其是外国使臣和商人，他们不仅利用驿站换乘马匹，获取食物和各种补给，而且由驿站的马夫为其充当向导。水站方面，元朝都城大都的货物通过大运河输送到泉州、广州、宁波等港口，再通过海上丝绸之路运往东亚、东南亚、中亚以及更远的欧洲；东南亚、印度的香料、布匹等各种物品也经由海上丝绸之路输入到元朝，再经驿站输送到全国各地。总而言之，元朝四通八达的驿站网络，促进了国内外贸易的发展，为丝绸之路的繁荣创造了条件。

朝贡贸易和商队贸易

元朝的统一，不仅消除了割据力量的阻碍，使陆上丝绸之路恢复畅通，而且消除了关卡重重、壁垒森严的现象，为东西方政治、经济、文化交往奠定了基础。同时，元朝实行较为开放的政策，建立了完善的驿站网络，于是欧洲和亚洲中西部许多国家的商人沿着陆上丝绸之路，纷纷来到元朝进行贸易。其中最有代表性的贸易形式有两种，即朝贡贸易和商队贸易。

成吉思汗西征

成吉思汗西征建立起的四大汗国，虽然事实上已成为各自独

立的政权，但名义上仍奉元朝皇帝为大汗，与元朝保持一种臣属关系，它们与元帝国之间的各种往来是相当密切的。元帝国与诸汗国之间的经济交流很重要的一个内容就是通过进贡与赏赐方式进行的朝贡贸易。诸汗国向元帝国所进贡的物品以奢侈品和特产为主，如珠宝、玉器、水晶、狮虎、药物及佩刀等。元帝国赏赐的物品则有钞币、缎帛、金银和东北特产猎鹰等。据记载，伊利汗国的大汗合赞派使者来大都进贡时，就嘱咐使者到了元朝后要多多采购元朝的商品。这表明，各汗国使者来元朝进贡，不仅带着外交使命，还带着贸易使命；也说明所谓的“进贡”和“赏赐”，其实质就是双方商品的交换。

蒙古西征及南征后，蒙古帝国版图大大扩展。加之驿站的设立、欧亚交通网络的恢复，使欧亚广大地域范围内国际商队长途贩运活动再度兴盛起来。《马可·波罗游记》《大可汗国记》等都大量记载了丝绸之路上商队贸易的情况。据史书记载，当时在陆上丝绸之路上从事商队贩运贸易的主要有东罗马帝国、波兰、奥地利、捷克、俄国、意大利等地的商人，西域蒙古诸汗国及其后裔统治的西亚、中亚地区的商人。欧洲和西亚、中亚的商人往往携带大量金银、珠宝、药物、奇禽异兽、香料等商品沿着陆上丝绸之路来到中国销售或在沿途出售，他们所购买的主要是丝绸、茶叶、瓷器、药材等商品。

那达慕大会上展示的骆驼商队

知识链接

蒙古西征 历史上，蒙古帝国进行过三次西征。第一次西征（1219—1223），成吉思汗率军征讨花剌子模国。第二次西征（1235—1242），窝阔台汗派兵讨伐伏尔加河以西诸国。第三次西征（1252—1260），蒙哥汗派其弟旭烈兀率领10万大军攻打波斯。

随着朝贡贸易和商队贸易的发展，元朝与欧洲的文化交流也不断增强。13世纪伊利汗国为仿制元朝纸钞，首次采用雕版印刷术，从此印刷术传入西亚。中国的茶叶，最早通过西夏和西州回鹘传入西域，13世纪后才传入西亚和俄国。马可·波罗在元朝时来到大都，元朝的畏兀儿族人列班·扫马前往西亚、欧洲，成为我国第一位访问欧洲各国的旅行家。

繁荣的海上丝路

虽然由于元朝的统一和统治者实行较开放的政策，宋朝时因战乱阻塞而明显萧条的陆上丝绸之路出现再度兴旺的景象，但是元朝的外贸仍是以海上丝绸之路为主。

1258年，蒙古西征军打败了曾为海上丝绸之路劲旅的阿拉伯帝国，从此元朝商船队获得前所未有的发展机遇。当然，元朝统治者也没闲着，他们看到了这一机遇，鼓励发展工商业和海外贸易，因此蒙古族的大小官员甚至寺院僧侣都热衷于经商。1293年，元朝政府还在泉州、上海、澉浦（今浙江海盐）、温州、广州、杭州、庆元（今浙江宁波）等地设立市舶司管理海外贸易。这进一步促进了海上丝绸之路的繁荣。

元朝海上丝绸之路航线，东线与宋朝相似通往高丽和日本，南线较宋朝有所发展，西达摩洛哥，南到非洲坦桑尼亚。据元末汪大渊《岛夷志略》记载，通过海上丝绸之路与元朝建立贸易关系的国家和地区，仅菲律宾以南、以西就有97个。元朝出口商品主要是丝绸、瓷器、金属制品、日常用品、农产品等；进口商品包括香料、珍宝、药材、皮货等。

亦黑迷失六下西洋

元朝海上丝绸之路的扩展与繁荣和一个重要人物是分不开的，他就是六下西洋的亦黑迷失。

知识链接

西洋 现在“西洋”一般用来指欧美国家，如西洋乐器。但在元明时期，“西洋”的意思有所不同，它指的是今文莱以西的东南亚和印度沿岸地区。

元朝建立后，为昭告南海诸国——中国已经是元朝的天下，并希望各国来朝贡，忽必烈派亦黑迷失作为元朝使者出洋访问。

1272 年和 1275 年，亦黑迷失奉忽必烈之命两次出使八罗孛国（今印度半岛西南马拉巴尔海岸一带），途中经过东南亚许多国家和地区。亦黑迷失一改元初统治者动辄诉诸武力的做法，采取与沿路各国和平交往的方式，从而获得这些国家的信任和支持，大大加强了元朝与这些国家的联系。

1281 年，亦黑迷失第三次下西洋，目的是让占城臣服，使占城成为元朝控制东南亚的基地。但是占城拒绝臣服，于是忽必烈派亦黑迷失率军攻打占城。双方久战未果，亦黑迷失奉诏还朝。

1284 年，亦黑迷失奉旨前往僧加剌国（今斯里兰卡）礼佛。这是一次大规模的远航，船队途经印度支那半岛、马来半岛进入印度洋，最终顺利到达僧加剌国。

1287 年，亦黑迷失再次出使八罗孛国，迎取佛钵和舍利。这次航行比上几次艰苦得多，他们在海上遭遇狂风巨浪的袭击。亦黑迷失凭着坚强的毅力和卓越的航海技术，指挥船队化险为夷，在漂泊了一年后，安全抵达目的地。作为使臣兼商人的亦黑迷失，不但出色地完成了使命，还在当地搜集了许多药材运回国内贩卖。

知识链接

南京大报恩寺出土的佛顶骨舍利

舍利　舍利是印度人死后身体的总称。在佛教中，僧人死后所遗留的头发、骨骼、骨灰等，均称为舍利；佛陀或高僧遗骨火化后结成的珠状结晶体，则称为舍利子或坚固子。舍利（舍利子）历来被佛门视为珍宝供奉着。2008年，南京宋长干寺（明大报恩寺）出土的阿育王塔中的佛顶骨舍利是世界现存唯一一枚佛祖真身顶骨舍利，现供奉于南京牛首山的佛顶宫中。

1292年，亦黑迷失第六次下西洋，这一次的任务是远征爪哇国（今印度尼西亚爪哇岛一带）。但最终战争失利，亦黑迷失回国后因牵连而被处罚，此后再未受到朝廷重用。

亦黑迷失是我国古代第一位在政府的授权下以友好交往为目的出使西洋的航海家。他的出使，加强了元朝和东南亚各国的联系，也促进了各国之间的经济文化交流和友好往来。

课后思考

1. 元朝时，驿站的主要功能有哪些？

2. 什么是朝贡贸易？它与商队贸易有什么不同？

第七课　明朝海上丝路扬国威

蒙古帝国横跨欧亚两大洲，使欧亚之间陆海畅通。当时东西方交往，既可通过陆上丝绸之路，也可借助海上丝绸之路。后来，随着元朝的灭亡，亚洲局势发生了急剧变化。明朝初期，在亚洲北部，蒙古人建立的瓦剌政权和东察合台汗国都与明朝处于敌对状态。在亚洲中部，帖木儿帝国兴起，以撒马尔罕为中心向外扩张，向明朝进军。这都阻碍着东西方交通，陆上丝绸之路走向了衰落，东西方交往不得不向海上丝绸之路转移。到明成祖时，明朝国力日益强盛。为了宣扬国威，向异域炫耀明朝的富强，促使“万国来朝”“四夷宾服”，也为了扩展朝贡贸易，明成祖朱棣派遣郑和率领船队出使西洋。在 28 年中，郑和率领船队七下西洋，累计航行 30 多万公里，足迹遍布 30 多个国家和地区，创造了世界航海史上的奇迹。

明朝的朝贡贸易

明朝初年，经济得到恢复和发展，但是东南海上的反明势力尚未完全平息，倭寇经常出没，为维护沿海地区的安全，明朝政府严格禁止民间从事海上贸易，而海外国家要来中国贸易，则需以“朝贡”的形式，也就是派遣使者携带货物来明朝进行“朝贡”，然后由明朝政府以“赏赐”的方式收购其“贡品”。这种做法，实际上是一种变相的贸易形式，称为“朝贡贸易”。

明朝在朝贡贸易中实行“厚往薄来”的政策，经常以高出诸国贡物好几倍价值的物品予以回赠，即使来华使者没有携带贡物，朝廷也会给予赏赐；而且来华使者的车船食宿，一律是免费的，朝廷还处处设宴席招待这些使者。这使得朝贡贸易成为明朝政府沉重的财政负担，明朝在这种朝贡贸易中实际上是赔本的，所以美国历史学家费正清说：“不能说中国朝廷从朝贡中获得了利润。回赠的皇家礼物通常比那些贡品有价值得多。在中国看来，对于这一贸易的首肯更多的是一种帝国边界的象征和一种使蛮夷们处于某种适当的顺从状态的手段。”

当然，朝贡贸易也有其积极影响，它加强了明朝与周边国家以及海外诸国的

明朝仇英《职贡图》（局部）

经济文化交流，促进了不同地区的文化认同与融合，在世界文明史上有着不可抹杀的历史功绩。

郑和七下西洋

郑和

郑和（1371—1433），本姓马，字三宝（又作三保），是我国历史上伟大的航海家，也是世界航海的先驱。他出身于名门望族，自幼受过良好的教育，了解一些外国的情况。1381 年，朱元璋为扫平元朝梁王残余势力，派大将傅友德出征云南。马三宝的父亲死于战乱，他也被俘虏，后来进入燕王府当宦官。由于马三宝性格机敏，善于辩论，为人谦恭谨慎，做事不辞辛苦，燕王朱棣对他非常赏识。在朱棣发动靖难之役后，马三宝立下赫赫战功。后来，朱棣论功行赏，赐马三宝“郑”姓，改名郑和，授予四品官职，提任郑和为内官监太监，管理修建宫室以及供应皇室所需。皇帝赐姓对于臣子来说，是至高无上的荣耀，许多一品大员都没有得到过这样的恩赐，可见朱棣多么器重郑和。因此，郑和也被委以重任，七次被派出使西洋。

知识链接

中国历史上有不少赐姓的事例。赐姓一般有赐国姓、赐他姓、赐恶姓三种，郑和被赐姓“郑”就属于赐他性。但赐姓较多的当属赐国姓，即赐皇家姓氏，比如唐朝皇帝经常赐有功大臣李姓。明朝也有这样的例子，郑成功是明末的名将，当时的明朝皇帝为了笼络他，赐他国姓“朱”，当时人们都尊称郑成功为“国姓爷”。在封建社会，皇帝把自己的姓氏赐给臣民，对臣民来说，是一件极其体面的事情。

第一次：1405 年夏—1407 年秋。

1405 年，明成祖朱棣派郑和及副使王景弘等出使西洋。他们率领水手、官兵、翻译、采办、工匠、医生等共 27 800 余人，乘坐 62 艘大型海船，编着严整有序的队形，乘风破浪，浩浩荡荡地出发了。如此巨大的船只，如此庞大的船队，航行在浩瀚无垠的海洋之中，这在中国历史上甚至在世界历史上都是空前的。宝船上满载着丝绸、瓷器、金银、铜铁器、布匹等物品，从苏州刘家河（今江苏太仓浏河）出发行至福建。同年冬趁北风经占城、爪哇、旧港（今印度尼西亚巨港）、暹罗（今泰国）、锡兰（今斯里兰卡），最后抵达古里（今印度西海岸卡利卡特）。1407 年回到南京时，苏门答腊、古里等国使者随船队来中国进贡万物。

郑和宝船

知识链接

郑和首次下西洋时，船的等级和船队的规模都是极为罕见的，是一支真正的“无敌舰队”。因为要迎合明成祖的心意，向世界展示其皇位的正统性和明朝的强大，船队中最壮观的宝船造得硕大无比。它长44丈、宽18丈，是世界上最大的木造帆船。宝船在设计上还应用了一项中国的发明——防水隔舱，这增加了宝船的强度。宝船使用可以升降的平衡舵，非常平稳。船上有供朝廷特使使用的豪华舱房，里面有露台、大堂和前厅。宝船的船舱则满载用以和外国交换的丝绸和瓷器，船身雕绘着鲜艳的图案，船首装饰着兽头雕像和目光炯炯的龙睛，船尾绘有龙凤图纹，象征着好彩头。船的底部涂上了白漆，接近红色水线的地方，是一个太极图案。

郑和此行的第一站是爪哇岛上的麻喏巴歇国，这个国家十分富饶。郑和一行人起初以为这里是世外桃源，就到附近的集市上闲逛。但是当时这个国家正在打仗，东王和西王两大势力交战数年，东王战败，西王派兵占领此地。西王手下的士兵看到郑和一行人身着奇装异服，急忙禀告西王，大家一致猜测这是东王请来的救兵，于是派兵把其中一人杀害了。郑和知道以后十分愤慨，众将士也十分气愤，纷纷奏请郑和出兵攻打西王。而西王知道事情原委之后十分害怕，就派使者前来谢罪，并承诺赔偿6万两黄金。郑和是一个心思沉稳、顾全大局的人，他知道自己身负重任，若是开战，西洋各国会以为明朝是前来侵略的，于是郑和和平处理了此事，赔偿一事也没有再提。西王很感动，从此与明朝交好。

第二次：1407年冬—1409年夏。

郑和第二次下西洋时，船队依旧十分庞大，有大小船只200余艘，沿着第一次的航线，先后到达占城、暹罗、爪哇、锡兰等地。所到之处，郑和都颁布皇帝的诏书，并立碑文。对愿意臣服者赐予金帛，对不愿意臣服者以武力慑服。后来，船队满载着各国贡献的奇珍异宝，从锡兰返航回国。

知识链接

第二次下西洋时，郑和专程到锡兰，向当地佛寺布施，并立碑刻文，以垂永久。碑文中记有“谨以金银织金、纺丝宝幡、香炉花瓶、表里灯烛等物，布施佛寺以充供养，惟世尊鉴之”。此碑是用汉文、泰米尔文和波斯文所刻，于1911年在锡兰岛的迦里镇被发现，现保存于斯里兰卡国家博物馆中，是中国和斯里兰卡两国友好关系史上的珍贵文物，也是斯里兰卡的国宝。

第三次：1409年秋—1411年夏。

此次出使的船队规模较小，只有48艘船和27 000人。这次出航主要是巩固与已经建交的南洋诸国之间的友好关系。回国时，随同前来朝贡的有19个国家的使者，可谓是“万使云集”。

郑和下西洋600周年纪念邮票

第四次：1413年冬—1415年夏。

前三次的出使都是到东南亚和南亚一带，使邻近各国与明朝的关系逐渐加强。明成祖希望与更远的国家建立友好关系，所以就命郑和远航至波斯湾、红海、东非一带，并携带诏书前往通好。回国时也有不少国家遣使前来朝贡献物。此次远航，为海上丝绸之路开辟了新纪元。

第五次：1417年冬—1419年夏。

这次郑和奉命护送前来朝贡的各国使者回国，并携带送给各国的礼品。此时的明朝威震海内外，对外贸易发展，商人、使者络绎不绝。明朝赠予的礼品大多是丝绸、瓷器等，换回来的主要是琥珀、珍珠、珊瑚、玛瑙、药材等。

郑和下西洋

第六次：1421 年冬—1422 年夏。

此次奉命出使西洋，郑和船队远至非洲东岸，1422 年回到南京，随船来访的有暹罗、苏门答腊、阿丹等国使节。

第七次：1430 年冬—1433 年夏。

郑和纪念馆展厅蜡像

这是郑和最后一次出使西洋，此时明成祖已经去世，海外来贺及朝贡者逐渐减少。明宣宗为重振国威，与西洋诸国交好，决定再次派郑和下西洋。当时郑和已经 60 岁，他率领着 27 550 人的船队远航。当行至印度古里时郑和病死，遗体由随船官兵运载回国。船队的支队到达天方（今沙特阿拉伯麦加），得到了众多珍奇异物。

伟大的和平使者

郑和的一生，有近三十年时间是在海上度过的。他七下西洋，完成了人类探索海洋的壮举，为世界航海事业做出了巨大贡献，增进了古代中国与亚非各国的

友谊和交流。28 年中，郑和到达东南亚、南亚、西亚等地，最远到达非洲东海岸和红海沿岸。郑和船队每到一国就把中国的礼物赠送给该国国王，并用中国的瓷器、丝绸、茶叶、金银、铁器、农具等与当地的特产如象牙、香料、宝石等进行交换，以加强经济文化联系。郑和下西洋极大地拓展了中国人的视野，使外国的商品和地理知识以空前的速度传入中国，极大地扩展了的中国在印度洋上的政治空间和影响力。

郑和及其船队依靠集体的力量和智慧，在惊涛骇浪中与海洋搏斗，他们勇于战胜困难，甚至不惜付出生命代价的开拓进取精神，体现了中国人大无畏的英雄气概。他们在所到之处进行的政治、经济、文化活动谱写了国与国之间世代友好的篇章。他们总结的航海经验和开拓的航路是留给后人的珍贵的文化遗产。郑和永远值得后人景仰和纪念，至今许多国家还保存着纪念郑和航海的文物和古迹。

位于南京的郑和下西洋航海纪念塔

1. 是什么促使明朝的丝绸之路由陆上转到海上？

2. 说一说郑和身上有哪些精神值得我们学习。

第八课　清朝丝绸之路的衰落

明清两朝实行了长达数百年的“海禁”。“海禁”对海上丝绸之路造成了致命的打击。在这种打击之下，丝绸之路渐渐式微。特别是鸦片战争后，中国海权丧失并逐渐沦为半殖民地半封建社会，沿海口岸也被迫开放，中国成为西方列强倾销商品的市场。西方列强不断掠夺中国的资源，并垄断了丝绸、瓷器、茶叶等商品的出口贸易。从此，丝绸之路一蹶不振，进入了衰落期。

知识链接

海禁，又称洋禁，指中国古代政府为了整顿沿海治安，清理走私，保障社会安定，采取的一种禁阻民间人士（未经官方许可）私自出洋从事海外贸易的政策。中国最先实行海禁的是元朝，后被明清继承和强化。海禁对中国造成了很大的消极影响。

闭关锁国

早在明朝，统治者的对外态度就发生了一些变化，明太祖朱元璋出于政治上的需要，实行海禁政策，严格限制海外国家与中国的交往。后来，随着倭寇之患越演越烈，海禁政策不断强化。政府封锁沿海各港口，销毁出海船只，禁止人们下海捕鱼捞虾，断绝海上交通。凡违禁者，必依法处以极刑。这些闭关自守的政策，导致了海外贸易的急剧衰落，极大地损害了海上丝绸之路的根基，自此海上丝绸之路失去了昔日的繁华。

知识链接

明朝戚继光抗倭　明朝的时候，由于日本国内形势的变化，酿成了倭寇侵扰中国沿海地区的倭患。明朝将领戚继光组建“戚家军”，在东南沿

海抗击倭寇十余年，扫平了多年来为虐沿海的倭患，确保了沿海人民的生命财产安全。

戚继光

到了清朝，统治者出于“防汉制夷”和打击反清复明势力的考虑，实行闭关锁国政策。清朝统治者不仅像明朝统治者那样实行海禁，而且还在沿海地区实行迁界政策，即将沿海的居民往内陆迁徙 50 里，以形成一条无人带。1683 年，清朝攻克台湾，沿海的局势稳定下来，而此时国内阶级矛盾非常尖锐。为了维护统治，康熙帝调整了政策，取消海禁。同时，为了发展海外贸易，政府还设立了多个通商口岸。这时，海上丝绸之路得到一定程度的恢复和发展。但清政府发现，自取消海禁之后，每年造船出海贸易的人有 1 000 多人，但回来的只有一半左右，其余的都留居在了南洋。清政府担心不回国的人聚集在海上造成祸患，并认为南洋各国历来是“海贼之渊薮”。于是在 1717 年，清政府颁布实施南洋禁海令，不许中国商船到欧洲人控制下的南洋地区进行贸易。南洋禁海令实施之后，本来一度繁荣的海外贸易再次受到限制，海上丝绸之路再度衰落。

十三行

当然，清政府也并非杜绝一切对外贸易。在乾隆时期，便实行了所谓的“一口通商”，即允许广州这一个口岸对外进行贸易。然而，即使在广州口岸，也不允许民间私人自由进行海外贸易，而只是特许“十三行”这样的有官方背景的“商号”跟外国商人进行来往和贸易。实际上，“十三”并非定数，盐商、铁商、米商、糖商、丝绸商、陶瓷商、烟草商、典当商、布商、药商等各种买卖皆有。同时，海外列强美、英、法、荷、瑞等国的商馆也聚集于此。当时，十三行一年所缴纳的关税收入占清政府财政收入的 40%，广州成为中国古代海上丝绸之路上最后的贸易中心。

知识链接

十三行又叫“洋行”“洋货行”，是鸦片战争前在广州港口官府特许经营对外贸易的商行的总称。十三行代海关征收进出口各项税饷，并代官府管理外商和执行外事任务，实际上是兼有商务和外交双重性质的半官方组织。十三行的商家数量变动不定，少则 4 家，多则 20 多家。后来，《南京条约》规定开放五口通商，废止了十三行独揽中国对外贸易的特权。从此，十三行日趋没落。

广州十三行

海上丝路走向衰亡

16 世纪初，经过航海扩张，葡萄牙人和西班牙人开辟了两条通往中国的新航线。一条是沿非洲西海岸南下，绕过非洲南端好望角，横渡印度洋，经苏门答腊岛西南部海面穿越巽他海峡，北上进入南海，到达澳门和广州，或者绕道马六甲海峡，从南海到达广州。另一条是横渡大西洋，从美洲绕过麦哲伦海峡，横渡太平洋，航行至菲律宾群岛，再从菲律宾出发，直航到广东和我国东南沿海地区。这两条新航线，最终都与早已存在于亚洲海域的海上丝绸之路相连接，从而将海上丝绸之路从区域性的海上航线延伸为全球性的交通网络。整个世界从此被连成一体，中国也被拉进了新的世界秩序中。

在这样的大背景下，明清统治者实行海禁和闭关锁国政策，放弃了对海洋的探索。与此相反的是，文艺复兴以后葡萄牙人、西班牙人、荷兰人、英国人纷至沓来，从此占据了海上贸易的先机与主导权。尽管如此，无论是明朝末期的葡萄牙和西班牙，还是清朝初期的荷兰和英国，都没有足够的力量来撼动中国。这样，海上丝绸之路从区域性的航线转变为环球航线后的 300 年间，中国与西方的关系基本处于平衡状态。到了 19 世纪，一方面清朝日益腐败没落，另一方面英国等西方列强都进行了工业革命，实力大增，中国与西方之间的力量平衡被打破。

西方国家对中国商品的需求量很大，它们采取各种措施扩大与中国的贸易，输出了大量银圆来购买中国商品。但是，由于当时中国自给自足的自然经济占据主导地位，清政府仍然实行闭关锁国的政策，所以西方国家无法在中国卖出对等的商品，导致这些国家出现了巨大的贸易逆差。为了扭转贸易逆差，英国违背清政府的禁令，非法大规模向中国走私鸦片以获取高额利润，最终导致了林则徐虎门销烟，并进而引发了鸦片战争。鸦片战争以后，中国逐渐沦为半殖民地半封建国家，一支又一支西方列强的舰队沿着海上航线东来，对中国发动了一次又一次的侵略战争。这样，环球航线的性质自鸦片战争起发生了根本性的变化，已然成了西方列强侵略中国的“炮舰之路”，海上丝绸之路走向了衰落。

林则徐虎门销烟

1. 请你评价一下清朝实行的闭关锁国政策。(从利弊两个角度分析)

2. 为了扭转贸易逆差，英国向中国大量走私鸦片，给中国带来了巨大的危害。你知道鸦片有哪些危害吗?

第九课　草原丝绸之路

在中国境内存在着四条丝绸之路，分别是西北丝绸之路、草原丝绸之路、西南丝绸之路和海上丝绸之路。很多人认为，西北丝绸之路即张骞打通的丝绸之路是开通最早的。其实不然，由古代游牧民族开辟的草原丝绸之路要早于张骞凿空的西北丝绸之路。

草原丝路的形成与发展

公元前 5 世纪，在蒙古草原，游牧民族逐水草而居，部落之间战争四起，大宗商品交换发展迅速。当时，中原地区以农业为主，盛产粮食、麻、丝及手工制品，而农业的发展需要大量的畜力（牛、马等），因此中原地区对牲畜及畜产品有很大需求。北方草原地区以畜牧业为主，盛产牛、马、羊及皮、毛、肉、乳等畜产品，而缺少粮食、纺织品、手工制品等，所以北方草原地区对中原地区所产的丝绸、茶叶、瓷器等生活用品和铁器等生产工具也需求旺盛。这种中原地区与草原地区在经济上互有需求、相依相生的关系，为草原丝绸之路的形成提供了前提。据考古得证，草原丝绸之路就是在此时初步形成的。

知识链接

在内蒙古地区，至今保留有重要的与草原丝绸之路有关的古代遗址，如辽上京、元上都等遗址；而在蒙古国、中亚五国也有与草原丝绸之路有关的古代遗址。此外，在内蒙古草原南端的鄂尔多斯地区发现大量黄金与青铜质地野兽风格的装饰品，其中以内蒙古杭锦旗阿鲁柴登地区出土的鹰形金冠饰、四虎噬牛纹金饰牌、虎形镶宝石金饰、金项圈、金耳坠最为典型。这些装饰品的动物纹饰具有典型的欧亚草原民族风格，体现了草原丝绸之路上中西文化的交流与融合。

鹰形金冠饰

在张骞通西域以前，草原丝绸之路是存在于广阔的中亚北部地区的隐形通道，它没有固定不变的走向，所经地点也没有明确的记载。根据零散的考古资料和文献资料能勾勒出一个模糊的、多变的道路轮廓，可看作是张骞之后西北丝路北道和新北道的雏形，而追溯其形成的历史原因，则与游牧民族的迁徙活动有很大关系。游牧民族自身具有很强的流动性特质。他们的迁徙流动推动了各地的商贸往来，沟通了东西方之间的联系，对于草原丝绸之路的形成和加强东西方民族和南北方民族的经济文化交流起到了重要的作用。

游牧民族逐水草而居

知识链接

自公元前 7 世纪起，就有原居甘肃河西地区的居民循天山山脉，依伊犁河流域向西进入楚河、塔拉斯河一带。公元前 2 世纪中叶，又有部分月氏人和乌孙人先后沿天山南麓西行，抵达伊犁河上源勒都斯河和特克斯河地区。3—5 世纪，匈奴人、柔然人又沿这条通道进入南俄草原和东欧地区。这一批批游牧民在欧亚草原上踏出了一条横贯东西的大道，这条道路沿用至汉朝，构成了西北丝绸之路北道的重要组成部分。

公元前 3 世纪下半叶，蒙古高原上的匈奴势力逐渐强大起来，于公元前 209 年在阴山以南和鄂尔多斯草原地区建立起了部落联盟国家，控制了草原丝绸之路。西汉初年，匈奴曾设置僮仆都尉管辖西域诸国。不过汉匈之争，匈奴最终失败，后分裂为南北二部。其中北匈奴向西迁移，南匈奴南下归附汉朝。匈奴的南下与西迁，实际上是将蒙古草原地带的丝绸之路进行了强有力的拓展，草原丝绸之路与西北丝绸之路成为亚欧大陆南北两大交通要道，丝绸之路逐渐形成带状体系。

隋唐时期，中国的繁荣吸引了周边众多国家。隋唐帝国辽阔的疆域使中原与西北边疆地区的联系变得空前密切。唐政府在漠北、西域设置州府后，开辟了漠北、天山以北诸地的交通线。从此，自伊州（今新疆哈密）至北庭有驿路相通，从北庭往西到高昌，往北到漠北都有数条道路可通行。草原丝路成为连接北方游牧民族与中原人民的纽带，成为东西方交往的重要通道。

元朝时期，草原丝绸之路的发展达到鼎盛。元朝以上都、大都为中心，设置了帖里干、木怜、纳怜三条主要驿路，构筑了连通漠北至西伯利亚、西经中亚达欧洲、东抵东北、南通中原的发达交通网络。这三条通往欧洲的驿路，既是政令、军令上传下达的重要通道，也是元朝对外进行商贸往来的主要线路，还是元代草原丝绸之路最为重要的组成部分。西亚、中亚的商人通过草原丝绸之路来到中国，商队往来络绎不绝。草原丝绸之路的发达，为开放的元朝带来了高度繁荣，使草原文明在元朝时达到了极盛。

始于元朝的镇远邮驿

明朝时期，北方草原地区战争迭起，草原民族不断入侵中原，明政府被迫关闭边境，加固长城，草原丝绸之路一度阻断。清朝建立后，实行闭关锁国政策，阻滞了中西方的文化交流，在这种背景下，草原丝绸之路逐渐衰落。

草原丝路的路线

草原丝绸之路是指蒙古草原地带沟通欧亚大陆的商贸大通道，其西端是古希腊，东端是蒙古高原。因其有纵横交错的岔路，故南可达中原地区，北能与蒙古和西伯利亚连接。关于草原丝绸之路的路线，大致有以下几种观点：

一是认为草原丝绸之路分为南北两线：北线的开拓始于北匈奴西迁之时，东起西伯利亚高原，经蒙古高原向西，再经咸海、里海、黑海，直达东欧。南线东起辽海，沿燕山北麓、阴山北麓、天山北麓，西去中亚、西亚和东欧。

二是认为草原丝绸之路分为三部分。①阴山道：由关内京畿北上至大同云中或中受降城（在今内蒙古包头境内）。②参天可汗道（唐）：由五原至回鹘、突厥牙帐哈拉和林（在今蒙古国中部）。③西段：由哈拉和林往西经阿尔泰山、南俄草原等地，横跨欧亚。

三是认为草原丝绸之路分为南北通道：从漠南过阴山，经今内蒙古二连浩特，跨过漠北草原，经恰克图（在今俄罗斯境内）至俄罗斯的茶马古道；由祁连山沿弱水北上，过居延（在今内蒙古额济纳旗），到达匈奴龙庭（在今蒙古国境内）的古老通道。

以上这三种观点，是指不同历史时期形成的草原丝绸之路某一段的大体路线。这也说明草原丝绸之路的路线并非只有一条，而是以多条南北向、东西向通道构成的交通网，覆盖了极其广阔的地域，而且在历史上屡有变迁，不同历史时期形成不同的格局。草原丝绸之路虽然受到自然地理、民族社会等诸多因素的影响，但总的来说，它适应了广大草原地区各个时期各个民族的需要，因而能够在漫长的历史进程中，在不同的社会条件下保持强大的生命力，从而使其沿线贸易交往不断，文化交流不断，民族交融不断。

草原丝路的影响

草原丝绸之路历史悠久，自古以来就是联结中原文明、草原文明、中亚文明、西亚文明、欧洲文明的纽带。而且草原丝绸之路从未中断过，这使得欧亚大陆经济文化交流持续发展，无论是中亚、东欧等地，还是世代留居在蒙古高原和农牧文化交错带的游牧民族和汉人，他们的传统文化、宗教信仰、经济生活、习俗风情等都随着草原丝绸之路上交流的日益频繁和深入而发生了很大的变化。总体说来，草原丝绸之路主要在经济往来、文化交流和民族交融等方面产生了极大的影响。

草原丝绸之路促进了东西方之间的经济往来。草原丝绸之路事实上通过商品交换形式成为连接东西方的重要媒介，即中原盛产的丝绸、陶瓷、茶叶等特产先流入草原，然后从草原转到俄罗斯或西亚等地。俄罗斯和西亚、欧洲的一些产品同样经过草原转到中原。蒙古民族在北方草原上崛起之后，更是成为草原丝绸之路的开拓者，他们占据的北方草原地区，也成为草原丝绸之路的重要商品集散地。据记载，在鄂尔多斯的伊金霍洛，每逢春季查干苏鲁克大典期间都会形成规模庞大的集市，东西方商人都会赶到这里，形成帐篷市场，出售珍珠、玛瑙、绸缎、马具、香牛皮、黄铜器皿、砖茶、贵重药材及日用品。蒙古人和各地来的朝拜者，带来大量兽皮、畜产品、土特产，换回日用商品。6—8 世纪，突厥控制草原丝绸之路近 200 年，丝绸及其他商品贸易非常活跃。到了 8 世纪，回鹘人控制了草原丝绸之路，使之又迎来了一个新的活跃时期。这两个少数民族占据草原丝绸之路时，都积极推行促进贸易发展的措施，使草原丝绸之路持续繁荣，使东西方经济交往持续发展。

知识链接

春季查干苏鲁克大典是成吉思汗四时大祭中规模最大、最隆重的一次祭祀活动，意在祈求苍天和祖宗保佑人畜兴旺、大地平安。大典在每年农历三月十七日至二十四日举行，二十一日为主祭日，前后历时八天。这一庆典式的祭祀活动，具有多种仪式，各旗首领都要前来参加，是蒙古族一年一度的盛大祭典大会。这一活动一直保留至今，并随着时代发展而不断丰富。

春季查干苏鲁克大典

草原丝绸之路促进了东西方之间的文化交流。以宗教的传播为例，相较其他文化，宗教比较容易突破国家和民族隔阂进行传播。欧亚草原上宗教的传播历来兴盛，且往往多元并存。如 11 世纪前后，中亚波斯等地的穆斯林商人和希腊、地中海沿岸的基督教传教士，沿着草原丝绸之路进入蒙古高原，在蒙古人中传播伊斯兰教、景教等。当时，游牧于漠北的克烈部和阴山北麓的汪古部开始信奉伊斯兰教和景教，这些部落统治者有的还取了基督教名字。13 世纪以后，西方的各种教派通过草原丝绸之路进入蒙古草原，传教活动日盛。在北方草原出土的金银器等文物上也体现了东西方文化交流的密切。如流行于北高加索、黑海北岸的斯基泰文化和阿尔泰艺术中的怪兽纹，就在匈奴金银器中多有表现。魏晋以后，印度、罗马、波斯等文化因素大量渗透到北方草原金银器中。同时，中原地区流行的文字符号、装饰手法、制作工艺等，在北方草原金银器中也有非常明显的反映。

草原丝绸之路促进了欧亚各地区不同民族的融合。草原丝绸之路上分布着诸多游牧民族，其中有相当一部分在欧亚历史上产生了巨大的影响。他们经常进行迁徙，使不同地域的文化和民族传统随之传播，也使草原丝绸之路所经地带成为多元文化、多民族汇聚之地。首先，草原民族的西迁往往成为影响欧亚政治格局、民族分布和草原丝绸之路交通的重大事件。东汉初，汉朝北逐匈奴，使之经西域向西迁徙，此后的鲜卑、柔然、突厥、回鹘、契丹、蒙古等族均有西迁运动。其次，欧亚草原上也有许多自西向东迁徙的民族，诸如雅利安人向印度迁徙，塞种人（生活在新疆伊犁河流域的游牧民族）向帕米尔高原迁徙等。最为典型的要数蒙古帝国时期，蒙古人的三次西征使得大量中亚等地的穆斯林工匠、士兵东迁入蒙古高原，有一部分还南下到达中原。其后又有许多穆斯林商人和文人来到中国，他们在中国长期定居，逐渐形成一个新的民族——回族。欧亚草原民族沿着草原丝绸之路向东或向西迁徙，不但加强了东西方文化的交流，还对东西方经济贸易的沟通起到了重要作用，并且促进了东西方民族关系的进一步发展。因此，草原丝绸之路不仅是一条贸易之路，还是一条文化交流和民族融合之路。

兰州回民开斋节集会现场

“丝绸之路：长安—天山廊道路网”申遗时，对丝绸之路的意义是这样阐述的：“丝绸之路作为人类历史上规模最大的文化、贸易、宗教、技术交流的文化线路，其整体意义超过其所有组成部分之和：它汇聚了古老的中国文明、印度文明、波斯—阿拉伯文明与希腊—罗马文明、中亚文明以及其后的诸多文明，沟通了亚欧大陆上游牧民族与定居民族之间的文化交流，促成了人类历史上多元文化的发展。它作为东西方之间融合、交流和对话之路，在人类文明与文化的交流史上拥有无可比拟的影响与突出的地位，在近两千年的历史上为人类的共同繁荣做出了重大而杰出的贡献。”这一阐述同样适用于草原丝绸之路。

1. 草原丝绸之路与西北丝绸之路、海上丝绸之路相比，影响力最小，请你思考背后有哪些原因。
2. 沿着草原丝绸之路的路线，试想商人在往来的旅途中会遇到哪些危险。